AF374050

Latidos de Amor:
Poemas para el Alma Enamorada

Damián Almaraz

Tabla de Contenidos

Prologo

Sumérgete en un universo de amor y pasión con este cautivador libro de poemas que te llevará en un viaje emocional sin igual. Desde los versos más delicados hasta las composiciones más apasionadas, este libro te transportará a un mundo donde el amor es el protagonista indiscutible.

Con una colección cuidadosamente seleccionada de poemas que abarcan desde los más cortos y conmovedores hasta los más extensos y profundos, este libro ofrece una experiencia única para todos los amantes de la poesía y del romance. Cada poema está impregnado de sinceridad, ternura y un toque de magia que atrapará tu corazón desde la primera página.

Ya sea que estés buscando inspiración para tu propio romance o simplemente desees sumergirte en la belleza del amor eterno, este libro es el compañero perfecto. Desde juramentos matrimoniales hasta momentos de complicidad compartidos, cada palabra escrita aquí te recordará la belleza y la profundidad del amor verdadero.

Prepárate para ser transportado a un mundo donde los sentimientos más profundos se expresan con elegancia y fervor. Este libro es más que una simple colección de poemas; es un viaje emocional que te dejará sin aliento y te recordará la belleza eterna del amor.

Compra este libro ahora y déjate llevar por la poderosa corriente de emociones que solo la poesía de verdad puede evocar. Entra en un universo donde el amor es eterno y donde cada palabra es un testamento de la fuerza del corazón humano. No te pierdas la oportunidad de experimentar esta obra maestra literaria que seguramente encantará a todos los que buscan la belleza en sus formas más puras y simples

A todos los enamorados,

Este libro está dedicado a ustedes, que han encontrado en el amor la más grande de las bendiciones y el más profundo de los tesoros. Que cada página de estas palabras sea un recordatorio de la belleza y la grandeza de vuestro amor, y que os inspire a seguir alimentando la llama que arde en vuestros corazones. Que cada verso sea una celebración de vuestra unión, y que os recuerde que el amor es la fuerza más poderosa que existe en este mundo.

Con todo mi cariño y admiración,

Damián Almaraz

En mis sueños te encuentro,

mi amor eterno,

bajo el manto de estrellas,

en un beso tierno.

Tu mirada es el faro

que guía mi camino,

en el océano de la noche,

somos uno mismo.

Luz de mi Vida

Eres la luz que

ilumina mi sendero,

la melodía que endulza

mis días grises.

En cada latido

de mi corazón te quiero,

como un susurro del viento

que no se desliza.

Prometo amarte

en cada amanecer,

en cada atardecer

y en cada anochecer.

Nuestro amor es un lazo

que nunca se rompe,

un destino escrito

en las estrellas que resplandece.

Beso de Fuego

En tus labios encuentro

el fuego que me aviva,

una chispa que enciende

la pasión en mi ser.

En cada beso, en cada caricia,

en cada deriva,

nuestro amor arde

como un fuego que no puedo contener.

Nuestro amor es como

un océano sin fin,

donde las olas de la pasión

nos envuelven.

En cada suspiro, en cada abrazo,

en cada confín,

navegamos juntos, unidos por un lazo

que no se resuelve.

Susurro del Alma

Tu voz es como

un susurro del alma,

que calma mis temores

y alimenta mi esperanza.

En cada palabra, en cada melodía,

en cada calma,

encuentro el refugio

de nuestra unión que avanza.

En el abrazo de tus brazos

encuentro mi refugio,

un santuario donde el amor

florece sin medida.

Eres mi paz en la tormenta,

mi dulce sortilegio,

mi anhelo más profundo,

mi eterna guarida.

Destino Entrelazado

Nuestros destinos se entrelazan

en un baile sin fin,

como dos estrellas fugaces

que convergen en el firmamento.

En cada encuentro, en cada destino,

en cada confín,

nuestro amor es el universo

que nos une en cada momento.

Prometo amarte más allá

del tiempo y la distancia,

en cada suspiro, en cada latido,

en cada aurora.

Nuestro amor es una promesa

de eternidad que se abraza,

un lazo que perdura

más allá de cualquier demora.

Tú y yo, unidos en un amor

que no tiene final,

como dos almas gemelas

en este viaje sin cesar.

En cada paso, en cada tropiezo,

en cada vendaval,

nuestro amor es la fuerza

que nos guía y nos hace volar.

En Tus Ojos

En tus ojos

encuentro el universo entero,

un reflejo del amor

que siento por ti.

En cada destello,

en cada anhelo sincero,

nuestro amor florece

y nunca se marchita.

Nuestro amor

es una sinfonía que nunca termina,

una melodía

que resuena en el corazón.

En cada nota,

en cada cadencia que fascina,

nuestros corazones bailan

en perfecta unión.

Oasis de Pasión

Tus labios son el oasis

donde encuentro la pasión,

una fuente inagotable

de amor y deseo.

En cada beso, en cada roce,

en cada canción,

nuestro amor florece

como un jardín en pleno.

Estrella Guía

Eres mi estrella guía

en la noche más oscura,

la luz que ilumina mi camino

en la tempestad.

En cada destello,

en cada brillo que perdura,

encuentro la fuerza

para seguir adelante con verdad.

Canto de Amor

Nuestro amor es un canto

que resuena en el viento,

una melodía que llena

el aire de alegría.

En cada verso, en cada estrofa,

en cada momento,

nuestros corazones entonan

la más dulce melodía.

Tu amor es como una brisa suave

que acaricia mi piel,

un susurro del viento

que calma mis temores.

En cada caricia,

en cada suspiro que se desvela,

encuentro la calma

y la paz que tanto adoro.

Río de Emociones

Nuestro amor

fluye como un río impetuoso,

que atraviesa valles

y montañas sin cesar.

En cada curva, en cada remanso,

en cada reposo,

nuestros corazones se entrelazan

en un dulce compás.

Eres la luz del amanecer

que ilumina mi día,

el sol que despierta

la esperanza en mi ser.

En cada rayo,

en cada destello que me guía,

encuentro la fuerza

para seguir y vencer.

Morada del Corazón

En el hueco de tu pecho

encuentro mi morada,

un hogar donde mi amor

encuentra su hogar.

En cada latido,

en cada abrazo que me embriaga,

nuestros corazones

se fusionan en un dulce palpitar.

Ecos del Pasado

Nuestro amor es un eco

que resuena en el tiempo,

una historia

que se repite una y otra vez.

En cada recuerdo,

en cada sueño que contemplo,

nuestro amor perdura

más allá del ayer y el después.

Brillo de tu Mirada

El brillo de tu mirada

es mi luz en la oscuridad,

una guía que ilumina

mi camino sin cesar.

En cada destello,

en cada chispa que me das,

encuentro la dicha

y el amor que nunca se va.

Sueño Cumplido

Tú eres mi sueño cumplido,

mi anhelo más querido,

la realización de todo

lo que he deseado.

En cada momento juntos,

en cada beso compartido,

nuestro amor florece

y se mantiene enamorado.

Razón de Existir

Eres la razón de mi existir,

mi centro y mi destino,

el faro que guía

mis pasos en la penumbra.

En cada instante a tu lado,

en cada beso divino,

nuestro amor se fortalece

y se hace más profundo.

Nuestro amor

es un jardín donde florecen las esperanzas,

donde cada pétalo

es un sueño por cumplir.

En cada flor,

en cada aroma que nos alcanza,

nuestros corazones laten

al compás de un dulce sentir.

Nuestro amor

es un encuentro celestial,

una unión sagrada,

que trasciende los límites

del tiempo y el espacio.

En cada mirada,

en cada caricia que nos da,

nuestros corazones arden

en un eterno abrazo.

Tesoro Invaluable

Eres mi tesoro más invaluable,

mi joya más preciada,

el regalo más hermoso

que la vida me ha dado.

En cada momento juntos,

en cada risa compartida,

nuestro amor crece

y se fortalece a cada paso dado.

Tú eres mi estrella de la tarde,

mi luz en la penumbra,

que brilla con intensidad

cuando cae la noche.

En cada destello,

en cada resplandor que se deslumbra,

nuestro amor se hace más fuerte,

más firme, más derroche.

Baile de Pasión

Nuestro amor es un baile

de pasión, una danza sin igual,

donde nuestros corazones

se funden en un ritmo único.

En cada paso, en cada giro,

en cada compás carnal,

nuestros cuerpos y almas

se entrelazan en un vínculo magnífico.

Susurro del Alma

Tu voz es el susurro del alma

que calma mis temores,

que me envuelve en un manto

de paz y serenidad.

En cada palabra,

en cada tono que me enamora,

nuestro amor se hace más profundo,

más puro, más verdad.

Destino Compartido

Nuestro amor

es un destino compartido,

un camino en común,

que recorremos juntos

con alegría y pasión.

En cada paso,

en cada desafío que enfrentamos con afán,

nuestro amor se fortalece

y se hace eterna bendición.

En el silencio de la noche,

nuestros susurros de amor resuenan,

como melodías suaves

que acarician el alma.

Tus palabras son como versos

que danzan en el viento,

envolviéndome en un abrazo

cálido y profundo.

En cada frase,

encuentro la promesa de un mañana juntos,

un futuro tejido

con hilos de pasión y complicidad.

Cada palabra pronunciada

es un eco de nuestro amor eterno,

un recordatorio de que juntos

podemos superar cualquier adversidad.

Bajo el manto de estrellas,

nos perdemos en la inmensidad del
universo,

nuestros corazones latiendo

al ritmo de la eternidad.

Tus ojos reflejan

la luz de un millón de constelaciones,

mientras nos sumergimos

en el éxtasis de nuestro amor compartido.

Cada estrella

es testigo de nuestra conexión,

de nuestro vínculo indestructible,

una prueba más de que nuestro destino
está escrito en los astros.

Bajo el cielo estrellado,

encontramos la paz y la plenitud,

sabiendo que nuestro amor brillará

por siempre como un faro en la oscuridad.

Caminos Entrelazados

Nuestros caminos

se entrelazan en un baile eterno,

cada paso nos acerca más

al abrazo del destino.

En cada encrucijada,

elegimos el sendero del amor,

uniendo nuestras manos

en un pacto de complicidad y fervor.

Cada paso dado

es un paso hacia adelante en nuestra
historia,

una página más en el libro

de nuestro amor compartido.

A lo largo de los años,

hemos superado desafíos y obstáculos,

fortaleciendo nuestro lazo

con cada victoria y cada desconsuelo.

Brillo de la Aurora

Como el brillo de la aurora

que ilumina el cielo al amanecer,

tu presencia en mi vida

trae luz a cada día oscuro.

Eres mi sol

en un mundo de sombras,

mi guía en la oscuridad,

un faro de esperanza

que me lleva hacia un futuro radiante.

Con cada amanecer,

renuevo mi compromiso

de amarte y cuidarte,

de ser tu compañero

en cada paso del camino.

El brillo de la aurora

es solo una muestra

de la belleza de nuestro amor,

que crece y florece

con cada nuevo día que compartimos
juntos.

Río de Sentimientos

Nuestro amor fluye

como un río impetuoso,

que atraviesa valles y montañas

con fuerza y determinación.

Cada corriente lleva consigo

los secretos de nuestro corazón,

las emociones que nos unen

en un torrente de pasión y devoción.

A lo largo de sus orillas,

hemos construido nuestros recuerdos,

como piedras que forman

el lecho de nuestro amor compartido.

El río de nuestros sentimientos

es infinito y eterno,

un símbolo de la profundidad

y la intensidad de nuestro vínculo.

Jardín de Emociones

Nuestro amor es un jardín

donde florecen las emociones más
profundas,

cada flor es un sentimiento

que crece y se desarrolla con el tiempo.

En cada pétalo,

se reflejan los colores de nuestra pasión,

la belleza de nuestro amor

que nunca deja de sorprendernos.

A lo largo de los senderos

de nuestro jardín,

nos perdemos entre susurros,

explorando los rincones más íntimos de
nuestras almas.

Cada rincón es un tesoro

que descubrimos juntos,

un lugar donde nuestro amor

se arraiga y florece con cada nueva
estación.

Cielo y Tierra

Como el cielo y la tierra,

nuestro amor abarca los extremos,

unidos por un lazo

que trasciende las barreras

del espacio y el tiempo.

Tus besos son como estrellas

que iluminan mi noche oscura,

mientras que tus abrazos

son como raíces que me mantienen firme
en la tierra.

En la vastedad del universo,

encontramos nuestro lugar,

como dos astros que orbitan

en perfecta armonía.

Nuestro amor

es la fuerza que sostiene el universo entero,

un equilibrio delicado

entre el cielo y la tierra que perdura.

Llanto de Luna

Bajo la luz plateada de la luna,

nuestros corazones se encuentran,

como dos almas perdidas

que finalmente hallan su hogar.

El brillo de la luna

refleja la intensidad de nuestro amor,

iluminando el camino

hacia un destino lleno de promesas y
sueños.

Cada lágrima derramada

es un tributo a la profundidad de nuestros
sentimientos,

un recordatorio de que nuestro amor

es tan poderoso como la marea.

El llanto de la luna

es la música que acompaña nuestra danza,

una melodía eterna

que nos une en un abrazo celestial.

Amanecer Eterno

Nuestro amor

es como un amanecer eterno,

lleno de promesas y posibilidades,

cada nuevo día

es una oportunidad

para crecer y florecer juntos.

A medida que el sol

se alza en el horizonte,

ilumina nuestro camino,

recordándonos que nuestro amor

es tan brillante

como sus rayos dorados.

Cada amanecer

es un renacimiento de nuestro amor—

una renovación

de nuestro compromiso de amarnos y
cuidarnos.

El amanecer eterno

es un símbolo

de la constancia de nuestro amor,

que perdura más allá

de las pruebas y tribulaciones de la vida.

Eres el tesoro

más preciado de mi corazón,

mi mayor alegría

y mi más profundo anhelo,

cada latido de mi corazón

lleva tu nombre,

cada suspiro

es un tributo a nuestro amor.

En tus brazos

encuentro la calma y la paz

que tanto anhelo,

un refugio seguro

donde puedo ser quien soy,

sin miedo ni reserva.

Nuestro amor es un tesoro

que atesoro en lo más profundo

de mi ser,

una joya invaluable

que brilla con la luz

de un millón de soles.

Cada momento a tu lado

es un regalo del destino,

una bendición que nunca

dejaré de apreciar,

porque eres mi todo,

mi razón de ser,

mi tesoro más preciado

en este mundo y en el próximo.

Ecos del Pasado

En el eco del tiempo,

resonamos como melodías del pasado,

nuestro amor es una sinfonía

que trasciende los límites del espacio.

Cada nota es un recuerdo

grabado en el alma,

un susurro del corazón,

que nos transporta

a momentos compartidos,

a emociones que perduran.

En el rincón más profundo

de nuestra memoria,

encontramos la chispa

de nuestro amor,

como una llama eterna

que arde en la penumbra de la noche.

A través de los años,

hemos tejido una historia

llena de altibajos,

una narrativa de amor

que se entrelaza con los hilos del destino.

Nuestro amor es un viaje infinito,

una travesía por mares desconocidos,

navegamos juntos

en busca de nuevos horizontes,

de sueños por cumplir.

Cada puerto es un destino

en nuestra odisea,

un punto de partida y llegada,

donde anclamos nuestros corazones

y dejamos huella en la arena.

En la travesía de la vida,

hemos sorteado tempestades y navegado
en calma,

nuestra embarcación

es el lazo que nos une,

la fuerza que nos impulsa hacia adelante.

A través de los océanos del tiempo,

seguimos adelante

con valentía y esperanza,

porque nuestro amor

es el viento que llena nuestras velas,

la brújula que guía nuestro camino.

Aroma de Recuerdos

En el aroma de los recuerdos,

encontramos la esencia de nuestro amor,

cada fragancia

es un instante compartido,

una emoción que perdura en el tiempo.

El perfume de tu piel

evoca momentos pasados,

susurros de pasión y ternura,

que se entrelazan

en la trama de nuestra historia,

en el tejido de nuestro destino.

En el jardín de nuestros recuerdos,

las flores de la nostalgia

florecen en primavera,

cada pétalo es un beso robado,

una caricia perdida en el viento.

A través de los pasillos del tiempo,
caminamos juntos,

mano a mano,

corazón con corazón,

porque nuestro amor es eterno,
inmortalizado en el perfume de los
recuerdos.

Destino Escrito

Nuestro amor es un destino

escrito en las estrellas,

una profecía que se cumple

en cada encuentro,

cada astro es un testigo

de nuestra unión, una constelación

que brilla en el firmamento.

En el libro del destino,

nuestras páginas se entrelazan

en una narrativa de amor eterno,

donde cada capítulo

es un momento compartido,

una experiencia que nos moldea como

pareja.

A lo largo de los años,

hemos escrito nuestra historia

con letras de fuego y tinta indeleble,

cada palabra

es un compromiso renovado,

una promesa de amor

que perdura en el tiempo.

A través de los altibajos de la vida,

hemos permanecido unidos,

como dos almas gemelas

destinadas a encontrarse,

porque nuestro amor

es un faro que guía nuestros pasos

en la oscuridad,

una luz que nunca se apaga.

Ritmo del Corazón

En el ritmo del corazón,

encontramos la melodía

de nuestro amor,

cada latido

es una nota que resuena

en la sinfonía de nuestras almas.

El compás de nuestra unión

es constante y armonioso,

como una canción

que nunca se olvida,

que nos lleva en un viaje de emociones,

de pasión y devoción compartida.

A través de los compases del tiempo,

hemos bailado al ritmo de nuestro amor,

cada movimiento es una expresión

de nuestra conexión,

una danza celestial.

Nuestros corazones son los músicos

en esta orquesta del destino,

tocando la melodía de nuestro amor

con un fervor inigualable,

con una pasión desbordante.

En nuestras miradas cómplices,

se revela la verdad de nuestro amor,

cada destello es un mensaje silencioso,

una promesa susurrada al alma.

El brillo en tus ojos

es la luz que guía mi camino,

el faro que ilumina mi sendero,

mientras nos perdemos

en el laberinto de emociones

que nos une,

que nos hace eternamente uno.

A través de los espejos del alma,

nos reflejamos el uno en el otro,

cada reflejo es una ventana

hacia el interior,

una puerta que se abre hacia la intimidad.

Nuestras miradas

son testigos de nuestra complicidad,

de nuestra conexión inexplicable,

que trasciende las palabras

y se sumerge en el océano profundo

de nuestro amor compartido.

Nuestro amor es atemporal,

una fuerza que trasciende

las barreras del tiempo,

cada momento es una eternidad,

un destello de luz en la oscuridad.

En el tejido del universo,

nuestras almas están entrelazadas

en un abrazo eterno,

que perdura más allá

de la vida y la muerte,

más allá de la realidad y la ficción.

A través de los ciclos

de la existencia,

nuestro amor permanece inmutable,

cada renacimiento es una oportunidad

para encontrarnos de nuevo,

para amarnos con más fuerza.

Nuestra conexión es eterna,

como las estrellas en el cielo,

como los átomos en el universo,

porque nuestro amor

es la fuerza que sostiene el tejido

mismo de la realidad,

la esencia misma de la vida.

Eres mi luz en la oscuridad,

mi guía en la noche más profunda,

cada destello de tu presencia

disipa las sombras

que acechan mi corazón.

En tus brazos encuentro consuelo,

en tu mirada encuentro esperanza,

como un faro en la tormenta,

me conduces hacia aguas

tranquilas y seguras.

A través de los laberintos

del miedo y la duda,

caminamos juntos de la mano,

cada paso es una victoria

sobre la oscuridad,

una demostración

de nuestro amor invencible.

Nuestra unión es un bálsamo

para el alma,

una llama que nunca se extingue,

porque tu amor es mi refugio,

mi fortaleza,

mi luz en la oscuridad más profunda.

Nuestro amor es una melodía

que resuena en lo más profundo del alma,

cada acorde es una expresión

de nuestro vínculo,

una armonía perfecta.

En cada nota,

encuentro la esencia misma

de nuestro ser,

la verdad más pura,

que nos conecta en un nivel

más allá de las palabras,

más allá de la comprensión.

A través de los estribillos de la vida,

cantamos nuestra canción con fervor,

cada verso es una declaración de amor,

una declaración de lealtad.

Nuestra melodía es eterna,

como el eco en las montañas,

como el susurro del viento,

porque nuestro amor es la música

que llena el universo,

la vibración que une todas las cosas.

Sueños Compartidos

Nuestro amor es un sueño compartido,

una visión de felicidad y plenitud,

cada momento juntos

es un destello de realidad

en un mar de fantasía.

En nuestros sueños más profundos,

nos encontramos el uno al otro,

explorando los rincones más íntimos

de nuestras almas,

descubriendo el amor

en su forma más pura.

A través de los velos de la ilusión,

caminamos de la mano

hacia un futuro prometedor,

cada paso es un paso

más cerca de la realización

de nuestros deseos más profundos.

Nuestros sueños son la semilla

de nuestro amor,

la fuente de nuestra inspiración,

porque en el mundo de los sueños,

nuestro amor es eterno,

nuestro amor es infinito.

Unión Eterna

En este día bendito,

ante el altar sagrado,

nuestros corazones se funden

en una unión eterna.

Juramos amarnos

con pasión y devoción,

en cada amanecer,

en cada anochecer,

por toda la eternidad.

Promesa de Amor

Con este anillo,

te entrego mi corazón,

una promesa de amor

que perdurará por siempre.

En las alegrías y en las penas,

en la salud y en la enfermedad,

juntos enfrentaremos la vida,

con valentía y lealtad.

En presencia de Dios

y los seres amados,

pronunciamos nuestros votos

con fervor y emoción.

Prometemos ser fieles

en cuerpo y alma,

hasta que la muerte nos separe,

en esta vida y en la otra.

Bajo el cielo azul

y el sol radiante,

celebramos nuestra unión

con una ceremonia de amor.

Juntos caminaremos

por el sendero de la vida,

mano a mano,

corazón con corazón,

por la eternidad.

Este día de boda

es más que una celebración,

es el símbolo

de nuestra unión eterna.

Con lágrimas de alegría

y sonrisas de felicidad,

sellamos nuestro amor

con un beso, con una mirada,

con una promesa.

En este día de amor y celebración,

nos comprometemos

a ser el uno para el otro—

en cuerpo y alma.

Juntos construiremos un hogar

lleno de risas y ternura,

un refugio

donde nuestro amor

florezca y perdure.

En el altar de la vida,

nos unimos en sagrado vínculo,

un amor inquebrantable

que desafía el tiempo y el espacio.

Con cada latido

de nuestros corazones,

con cada suspiro

de nuestra alma,

reafirmamos nuestro compromiso

de amarnos por toda la eternidad.

Juramento de Lealtad

Ante Dios y los seres queridos,

hacemos un juramento solemne,

de amarnos y respetarnos

en todas las circunstancias de la vida.

Nuestro amor es un faro

que guía nuestros pasos

en la oscuridad—

una luz eterna

que brilla con la fuerza

del compromiso y la lealtad.

Himno de Amor

En este día de bodas,

entonamos un himno de amor,

una melodía

que resuena en lo más profundo

de nuestros corazones.

Nuestro amor es un testimonio

de la belleza y la grandeza del universo,

una fuerza eterna

que nos une en un lazo indisoluble.

Con la bendición de Dios

y el amor de nuestros seres queridos,

nos unimos en santo matrimonio,

para siempre y para toda la vida.

Que este día sea el comienzo

de una nueva aventura,

llena de amor,

alegría y bendiciones,

por toda la eternidad.

En el altar de nuestros corazones,

sellamos nuestro eterno compromiso.

Juramos amarnos en la plenitud del tiempo,

en cada estación,

en cada momento de nuestras vidas.

Con cada beso intercambiado,

con cada mirada compartida,

afirmamos nuestro lazo indisoluble.

Nuestro amor es un río que fluye sin fin,

navegando hacia el horizonte

de la eternidad.

Unión de Almas

En el crisol de nuestras almas,

fusionamos nuestros seres

en una unión eterna.

Prometemos cuidarnos mutuamente,

en cuerpo y espíritu,

en la salud y en la enfermedad.

Nuestro amor es una sinfonía

que resuena en el universo,

una melodía que eleva nuestros corazones

hacia lo sublime.

En cada verso

de nuestros votos matrimoniales,

declaramos nuestra devoción eterna,

nuestro compromiso inquebrantable.

En este día bendito,

nos comprometemos a construir

una vida juntos,

tejiendo nuestros sueños

en el tapiz del destino.

Prometemos ser tu compañero

en la alegría y en la tristeza,

en la prosperidad y en la adversidad,

en la luz y en la oscuridad.

Nuestro amor es un faro

que guía nuestros pasos,

una luz que disipa

las sombras de la incertidumbre.

Con cada palabra pronunciada,

con cada gesto de amor,

reafirmamos nuestra promesa de vida,

nuestro pacto de amor eterno.

Votos de Amor

Con lágrimas de felicidad

y sonrisas de emoción,

pronunciamos nuestros votos

con amor y devoción.

Prometemos amarnos

con todo nuestro ser,

hasta el fin de los tiempos,

hasta que el universo deje de girar.

En la bendición de este día sagrado,

nuestros corazones se unen

en un abrazo eterno.

Nuestros votos son más que palabras,

son la promesa de una vida juntos,

de un amor sin igual.

Bajo el dosel del cielo azul

y el sol radiante,

recibimos la bendición

de un amor eterno.

En presencia de Dios

y los seres amados,

nos unimos en santo matrimonio,

para siempre y para toda la vida.

Que este día sea el comienzo

de una nueva aventura,

llena de amor,

alegría y bendiciones infinitas.

Que nuestras almas

estén entrelazadas por la eternidad,

y que nuestro amor perdure

más allá de la eternidad misma.

Unión Celestial

En este día de bodas,

nuestras almas se encuentran

en unión celestial,

prometiendo amarnos y honrarnos

en cada alba y cada crepúsculo.

Nuestro amor es un regalo divino,

una bendición de los cielos,

que nos une en un lazo sagrado

que nunca se romperá.

Con cada mirada, con cada caricia,

fortalecemos nuestro vínculo,

forjando un futuro lleno de risas,

ternura y complicidad.

Que este día

sea el inicio de un viaje maravilloso,

donde nuestro amor crezca y florezca

en la luz radiante del amor eterno.

Promesa de Lealtad

En este día de juramentos y promesas,

nos comprometemos a amarnos

con fidelidad y lealtad.

Nuestro amor es un faro

que guía nuestros corazones,

iluminando el camino

hacia un futuro

lleno de esperanza y dicha.

Prometemos apoyarnos mutuamente

en tiempos difíciles,

y celebrar juntos en tiempos

de alegría y triunfo.

Que nuestras palabras

sean más que promesas,

que sean el fundamento de una vida

de amor eterno y bendiciones incontables.

En el altar

de nuestros corazones,

intercambiamos votos

de amor eterno,

prometiendo amarnos

en la prosperidad y en la adversidad.

Nuestro amor es un lazo

que nunca se romperá,

un vínculo inquebrantable

que nos une en cuerpo y alma.

Que cada día

sea una celebración

de nuestro amor,

una renovación

de nuestros votos

y nuestra devoción.

Que nuestra unión

sea un faro de esperanza y alegría,

guiándonos hacia un futuro

lleno de promesas cumplidas

y sueños compartidos.

En este día de bodas,

intercambiamos anillos

como símbolo de nuestro amor,

círculos de oro

que representan la eternidad

de nuestro compromiso.

Prometemos llevarlos

con orgullo y humildad,

recordando siempre

el amor profundo

que compartimos.

Que estos anillos

sean más que adornos,

que sean un recordatorio constante

de nuestra unión sagrada.

Que cada vez que miremos

nuestros dedos entrelazados,

recordemos el amor eterno

que nos une,

ahora y para siempre.

Bendición del Amor

En este día de amor y alegría,

recibimos la bendición del universo,

una bendición que sella nuestro amor

con fuerza y ternura.

Prometemos amarnos con todo nuestro ser,

hasta el fin de los tiempos,

hasta que el último suspiro se apague.

Que este día sea el comienzo

de una vida llena de amor y aventura,

donde cada día sea una bendición

y cada noche una celebración.

Que nuestro amor brille

como una estrella en la noche,

iluminando el camino

hacia una felicidad eterna y un amor sin
igual.